DE
L'OPPOSITION
ET
DE SES JOURNAUX.

PARIS,
DE L'IMPRIMERIE DE PILLET AINÉ,
RUE DES GRANDS-AUGUSTINS, N° 7.

1827.

L

INTRODUCTION.

—

Oɴ doit commencer par reconnaître que l'opposition a pris depuis quelques années, en France, une étendue et une activité extraordinaires. Cette opposition s'est emparée de la frivolité nationale, et semble lui avoir donné de la gravité et de la consistance; elle a communiqué aux opinions diverses l'ardeur et la véhémence des passions, et confondu dans une impatience aveugle tous les élémens de la raison générale. Tout ce qui est extérieur, tout ce qui est public subit ses formes et sa tendance; la physionomie sociale paraît même empreinte parfois de ses antipathies et de ses menaces; maîtresse de la préoccupation des esprits, elle est seule dans les journaux et dans les discours, dans les entretiens et dans les livres; son tumulte remplit tout l'espace, et la surface de la société est livrée à ses impulsions et à sa puissance.

Depuis six ans elle a dirigé contre le ministère toutes les accusations imaginables. Injuslice, déloyauté, incapacité, projet de détruire les institutions jurées par le Roi, aversion pour les lettres, pour les arts, pour tout ce qui est grand et généreux ; haine de l'humanité, insouciance de la dignité de la couronne et de la prospérité du pays ; tout ce qui tient à la perversité du cœur et à la médiocrité de l'esprit, l'opposition l'a imputé au ministère ; pour l'assaillir, pour l'accabler de ses traits, elle a épuisé tous les arsenaux, depuis ceux de la philosophie et de la révolution jusqu'à ceux de la religion et du royalisme ; les principes les plus opposés entre eux lui ont fourni des argumens et des armes ; enfin, procédant contre lui d'une façon tout expéditive, elle est convenue d'appliquer à ses actes et à ses pensées tout ce qui, dans le langage des hommes, sert à qualifier ce qui est blâmable et odieux.

Je reconnaîtrai encore, si l'on veut, que cette masse d'accusations a rencontré dans la société peu de contradictions ostensibles ; mais au dessus de toutes ces vérités est un fait qui domine à la fois et les cris de l'opposition et le silence de la nation, un fait qui parle plus haut que les passions et les emportemens de l'esprit de parti, c'est l'EXISTENCE DU MINISTÈRE.

Le ministère existe ; il n'est donc pas incapable, il n'a donc pas perdu la confiance publique ; il a donc conservé dans les chambres, et hors des chambres, des amis et des partisans ; il y a donc en sa faveur des opinions fixes, solides, que le vent des tempêtes parlementaires n'a point ébranlées, des convictions profondes que les clameurs des journaux n'ont pu détruire ? Il existe depuis six ans ; il a donc en lui toutes les conditions de vie et de durée que l'opposition lui a déniées dès l'origine ?

Voilà sans doute un vaste sujet de réflexions pour ceux qui n'ont point abjuré entre les mains de l'opposition la faculté de réfléchir; et pour peu qu'ils veuillent se ressouvenir de la situation où était la France en 1821, époque de l'avènement du ministère, et de celle où elle se trouve en 1827 ; pour peu qu'ils consultent les bulletins de la bourse à ces deux époques; pour peu qu'ils n'aient pas oublié les conjurations militaires qui, à Béfort et à Saumur, à Paris et à La Rochelle, semblaient menacer la monarchie d'une subversion nouvelle ; pour peu qu'ils veuillent entrevoir les difficultés de toute espèce qui, dans un intervalle de six ans, ont embarrassé les affaires générales de l'Europe, les révolutions d'Espagne, de Portugal, des Amériques, les innovations hardies et les entreprises soudaines d'un ministre anglais, les catastrophes commerciales qui les ont suivies, l'avènement d'un nouveau czar, la situation de l'Orient, etc., etc., peut-être croiront-ils moins aisément, sur la foi d'un grave magistrat, *que la démence de Charles VI s'est perpétuée dans les conseils de ses successeurs.*

Les faits sont donc évidemment ici en contradiction avec les paroles de l'opposition, et ses assertions, privées de la sanction des choses, ne peuvent attendre d'autorité que des hommes qui les soutiennent. Nous concevrions, en effet, qu'on crût à une accusation d'inhabileté dont les auteurs auraient donné des gages d'une habileté supérieure ; mais comment admettrait-on, contre un ministère de six ans, un brevet d'incapacité signé par des noms qui n'ont puisé l'éclat dont ils brillent que dans des ministères d'un jour ?

Cette observation est bien suffisante pour faire justice d'un reproche auquel l'opposition elle-même ne croit guère, bien qu'il soit la conclusion ou le résumé de tous ses écrits et de tous ses discours. Je ferais sourire mes adversaires si j'employais de grands efforts de logique pour établir dans l'opinion la capacité de l'administration actuelle. La preuve que les ministres ne sont point au dessous de la haute situation où la confiance du Roi les a placés, c'est qu'ils vivent dans cette situation, c'est qu'ils s'y maintiennent, c'est qu'ils y sont restés malgré les fureurs des partis, malgré les secousses de l'Europe, malgré cette action du tems, si funeste aux aggrégations humaines qui n'ont point la vérité pour ciment. Dira-t-on, maintenant, que dans cette sphère élevée ils soient animés par des préjugés, par des passions, par des sentimens qui appartiennent aux plus basses régions de la civilisation ? qu'à ces sommités, où les intérêts généraux de l'époque s'offrent à leurs regards avec leurs vastes conséquences, avec leurs immenses développemens, ils se laissent diriger par des idées mesquines, par des préventions misérables, par des intrigues et des suggestions de parti ? il vaudrait autant dire que les sommets d'une montagne sont dominés par les arbrisseaux de la vallée; car les contradictions des faits se trahissent toujours par les anomalies du langage.

Je demanderais, d'ailleurs, comment une administration, telle que l'opposition nous représente celle-ci, aurait pu conserver dans la

chambre une majorité si nombreuse et si fidèle;
et je ne pense pas que dans l'examen de cette
question, le caractère et la situation sociale de
tant d'honorables députés soit un argument
sans importance. La plupart d'entre eux ont,
durant le triomphe du mal, fait preuve d'un
désintéressement héroïque en sacrifiant à quelques principes, à quelques théories sociales,
leur patrimoine et leur existence civile; tous se
sont montrés, depuis la restauration, fidèles à
ces mêmes principes, malgré les écarts de l'o-
pinion et les défections même du pouvoir.
Sans cesse attaqués par la perversité de Paris,
et sans cesse envoyés par la fidélité de pro-
vince, ils ont puisé dans toutes nos assemblées
les talens qui jugent les affaires, et les lumières
qui jugent les hommes. Continuellement en
contact avec l'administration, soit dans leurs
conseils généraux, soit dans les commissions et
dans les bureaux de la chambre, ils peuvent
apprécier mieux que personne et les intentions
des ministres, et les motifs qui les dirigent, et
les résultats de tous leurs actes. L'amitié de
tant d'hommes d'honneur est, dans les départemens où ils vivent, une caution bien suffisante de l'honneur du ministère; je doute que,

depuis douze ans, aucune administration ait pu en présenter une pareille à la France et à l'Europe.

L'existence du ministère est donc un démenti formel des accusations auxquelles il n'a pas cessé d'être en butte, comme sa longue durée met hors de question les intentions qu'on feignait de lui supposer. Comment croirait-on aujourd'hui à des intentions qui, depuis six ans, n'auraient pas produit des faits analogues? Comment croirait-on à une perversité qui n'aurait pas eu le mal pour effet? Je ne crains pas d'en appeler à la bonne foi de mes lecteurs : quels sont, en France, les intérêts lésés par l'injustice du gouvernement? quelles sont les propriétés compromises ou menacées par ses actes? quels sont les droits garantis par la Charte dont les Français n'aient pas aujourd'hui la jouissance pleine et entière ? qui ne peut professer et défendre sa religion en toute liberté? qui ne peut publier son opinion par la voie de la presse *? qui ne peut user de

* Vingt pamphlets qu'on a publiés par semaine depuis la censure, ne sont-ils pas des témoignages sans réplique de la jouissance de cette liberté que les journalistes eux-mêmes ne se sont pas refusée? Ce qui prouve, pour le dire en passant, que la question des journaux est étrangère à l'usage de la liberté accordée par la Charte.

son bien comme bon lui semble? quels sont, enfin, les malheurs publics et privés qu'on puisse imputer à l'imprévoyance ou à la déloyauté des ministres, et que pourrait faire de plus une administration pour être qualifiée loyale et habile, pour obtenir l'estime et la confiance des peuples?

Mais le mal qui n'est pas venu par le ministère ne pourrait-il pas venir par l'opposition? Sans doute l'opposition est nécessaire dans un gouvernement représentatif, lorsqu'elle n'est fondée que sur les principes, lorsqu'elle se rend l'organe de la justice et de la vérité, lorsqu'elle n'est animée que par les nobles sentimens du bien public, lorsqu'elle est sage et consciencieuse, et qu'elle a en elle les élémens d'une autre administration applicable aux besoins et à la constitution du royaume; lorsqu'elle est à même, enfin, de réaliser tout le bien que le ministère ne fait pas. Mais que devrait-on penser d'une opposition qui appliquerait le blâme à ce qui n'est point blâmable, l'insulte à ce qui est honorable; d'une opposition par qui l'ordre deviendrait désordre, par qui les causes de sécurité se changeraient en vaines alarmes, par qui la raison publique serait troublée, l'équité de la nation dénaturée; d'une opposition qui serait républicaine dans un état monarchique, anti-religieuse dans un royaume catholique ; qui, composée de passions privées, d'ambitions déçues, d'opinions hétérogènes, aurait la puissance de tout détruire, sans aucun moyen de réparer, serait liguée contre le bien, et ne pourrait réaliser que le mal?

Quand une opposition serait ainsi engagée en sens inverse du bonheur et de la prospérité nationale, sa puissance et son extension, loin d'être des argumens en sa faveur, ne devraient-ils pas exciter l'inquiétude et la résistance de tous les amis du bien public ?

Et ce ne sont pas ici des suppositions qu'on élève contre des suppositions ; ce que l'opposition n'a pu prouver contre le ministère, il serait facile au ministère de le prouver contre elle.

Je me propose donc d'établir que l'opposition actuelle est anti-sociale dans son principe et dans sa tendance, qu'elle est composée non d'opinions consciencieuses, mais de volontés perverties et de passions coupables ; qu'elle doit sa puissance et son extension non à l'assentiment de la confiance publique, mais à une sorte de domination qu'elle a usurpée à force de bruit et de violence; qu'elle n'est pas organisée pour être juste et utile, mais pour être injuste et pernicieuse; qu'elle menace les intérêts publics dans le crédit, dans le commerce, dans la circulation des capitaux, dans tout ce qui vit de confiance et de vérité; qu'elle menace les intérêts privés en les livrant sans défense à la diffamation, à la calomnie, aux brigandages des pamphletaires; qu'elle est, enfin, à elle seule, tout le désordre, toute l'inquiétude et tout le malaise du pays.

DE

L'OPPOSITION

ET

DE SES JOURNAUX.

—

Dᴀɴs la vieille guerre que l'esprit du mal livre aux sociétés humaines, on l'a vu constamment, lorsque, signalé sur un point, il était forcé de se retirer devant l'aversion des hommes, se placer dans cette aversion même, et l'exagérer jusqu'au désordre. C'est ainsi que les républiques anciennes ont vécu et sont mortes entre ces deux faits : la tyrannie et la licence.

De même, lorsque la révolution française, après s'être approprié le principe du patriotisme, l'eut exagéré jusqu'à la tyrannie ; lorsqu'au nom du salut public, de la sûreté publique, de la liberté publique, elle eut dépouillé, incarcéré, immolé les particuliers ; lorsqu'elle eut soulevé contre elle tous les sentimens, tous les intérêts individuels, et que ces intérêts, après avoir été sacrifiés de nouveau à l'ambition d'un dictateur, se furent placés sous la sauve-garde de la légitimité, l'esprit du mal s'empara des ressentimens que tant de déceptions avaient laissés dans les esprits, et, sous prétexte de protéger les intérêts individuels qui n'avaient plus rien à craindre, il les opposa à l'esprit social qui n'avait pas eu le tems de se former.

Ainsi naquit le libéralisme, conception habile et profonde du génie révolutionnaire, principe de trouble et d'anarchie pour la vieille Europe dont il amènerait la dissolution, si le bon sens des peuples n'arrêtait enfin ses progrès.

Le libéralisme est précisément l'opposé du patriotisme, tel que ce mot a été compris par les nations de l'antiquité : le patriotisme exigeait le sacrifice des individus à la société ; le libéralisme produit le sacrifice de la société aux individus. Le patriotisme s'adressait aux sentimens les plus élevés, aux plus généreuses facultés de notre ame : il demandait aux hommes l'abnégation d'eux-mêmes, de leur famille, de leur fortune ; il entraînait Léonidas aux Thermopyles, et Décius dans un gouffre embrasé ; le

libéralisme trouve sa force et sa puissance
dans les secrets les plus honteux de la nature
humaine, dans l'orgueil, dans l'égoïsme, dans
la peur, dans la vanité, dans les ambitions qui
se fondent sur les calamités publiques.

Chez les anciens, le principe social était
exagéré jusqu'à l'injustice : on bannissait un ci-
toyen sans jugement, sans procès, uniquement
parce qu'il avait rendu de grands services, et
qu'on redoutait ses talens et son influence ;
chez nous, l'intérêt individuel est exagéré aussi
jusqu'à l'injustice ; car, par égard pour cet intérêt, on paralyse l'action du pouvoir public,
et on livre aux entreprises des méchans et la
société et les individus eux-mêmes.

Le libéralisme est donc l'affaiblissement de
l'esprit social par l'exaltation de l'intérêt individuel ; et tandis que les républiques anciennes
sont arrivées par le patriotisme au plus haut
degré de force et de puissance, le libéralisme,
s'il était livré à toute sa portée, conduirait les
sociétés modernes au dernier degré de fai-
blesse et d'impuissance, jusqu'à ce qu'il eût
amené leur entière destruction. Il suffit, pour
se convaincre de cette vérité, d'examiner les
développemens que ce principe funeste a déjà
pris parmi nous.

Dans la législation, il se manifeste pár une défiance exagérée de la justice publique, et il ne craint nullement de favoriser les injustices privées ; il n'est préoccupé que d'une seule pensée : les garanties individuelles. Quant aux garanties de la société, il en fait bon compte à la liberté des factieux et des conspirateurs : il semble vouloir leur assurer tous les moyens d'atteindre la société, et ôter à la société tous les moyens de les atteindre. Tandis que la sagesse s'efforce de concilier dàns les lois la sécurité de l'innocence avec la répression du crime, le libéralisme travaille à paralyser les lois et à rendre la répression impossible. Animé d'une sollicitude singulière pour les malfaiteurs, il les protége dans l'accusation, dans la prévention, dans le jugement, et ne les quitte pas même après la condamnation ; il ne se repose pas sur un conseil d'hommes honorables, présidé par un fils de France, pour améliorer l'état des prisons ; il envoîe ses journalistes effrayer les geôliers, soulever les passions des détenus ; le condamné est l'objet de sa tendresse et de ses soins particuliers ; il appelle sur son sort, non pas la pitié et la charité publiques, mais la solidarité des intérêts individuels ; il semble dire à vingt-quatre millions d'honnêtes gens : Voilà comme vous pouvez être demain.

Il est juste de reconnaître qu'il y a dans le libéralisme une sorte de philanthropie qui serait louable, si elle savait s'arrêter où commence l'intérêt public ; mais c'est une philanthropie étroite et aveugle qui se détruit elle-même en franchissant ses propres limites ; car la philanthropie perd ce nom quand elle attire sur les hommes des désastres et des calamités.

Si le libéralisme est aveugle, les gens qui ont mis ce principe en action ne le sont pas ; ils savent très-bien tout ce que son extension a de propice à leurs vues coupables, tout ce qu'il a d'applicable, dans l'état actuel de la société, au but unique de leurs espérances et de leurs efforts : le renversement de l'ordre monarchique et la création d'un pouvoir de fait.

Si ces hommes ont soulevé l'intérêt individuel contre l'intérêt social, c'est qu'en France cet intérêt social est personnifié dans un Roi. Si, au nom de la philanthropie, ils demandent à la législation tant de garanties contre la justice, ce n'est pas pour protéger l'innocent, c'est pour soustraire le coupable ; s'ils s'efforcent d'adoucir le régime des prisons, c'est pour que ce régime effraie moins les ennemis de l'ordre établi ; c'est pour que les conspirateurs et les factieux soient sûrs d'être protégés et défendus dans toutes les chances périlleuses qu'ils voudraient courir ; c'est pour former une sorte d'assurance mutuelle au profit des ennemis de l'état

Et, en portant sur eux un tel jugement, je ne crains pas de les calomnier, car ils ne prennent pas même la peine de déguiser leurs véritables intentions. Quiconque a observé en France la marche et les opérations de ce parti sait fort bien que tous les ennemis de l'ordre monarchique, soit qu'ils aient figuré dans les sanglantes saturnales de 93, soit qu'ils aient opprimé la France sous le despotisme militaire, soit qu'ils aient pris part à quelques complots récens contre le gouvernement royal, sont l'objet de la protection et des éloges officieux des hommes dont je parle. Et si l'on croit l'accusation trop forte, qu'on me cite un seul personnage de la révolution qui ne soit loué sans restrictions par leurs journaux, pourvu toutefois qu'il n'ait pas abjuré les doctrines qui égarèrent sa jeunesse ; car alors les hommes qui conservent ces doctrines s'en armeront pour l'écraser ; tous les termes de la morale monarchique ne leur coûteront rien à soule-

ver, s'ils peuvent les jeter à la tête d'un trans-
fuge.

Comment d'ailleurs pourrait-on croire à la sincérité de leur zèle pour les intérêts indivi-duels quand on les voit prendre sous leur sauve-garde tous ceux qui, en France, ont poussé le plus loin le mépris de ces intérêts : les agens de la tyrannie républicaine et de l'absolutisme impérial? quand, aujourd'hui, on les voit si ardens à détruire le pouvoir légitime qui a rendu à ces intérêts une sécurité inconnue de-puis trente ans? quand ils se montrent si indif-férens pour les lésions que ces intérêts pour-raient éprouver par suite de l'affaiblissement des lois et de l'autorité protectrice? Tandis qu'ils ne peuvent supporter pour la France l'action de la justice publique, ne se montrent-ils point sans entrailles pour les maux qui peu-vent naître des injustices privées? la vue d'un gendarme, l'idée seule d'un officier de paix les alarme pour le sort des honnêtes gens, et ils ne craignent point de livrer aux voleurs et aux assassins la bourse et la vie des citoyens.

Ainsi, ces hommes, loin d'être dirigés par le principe du libéralisme, se servent de ce prin-cipe comme d'un instrument qu'ils dirigent contre la monarchie. Sans doute ils se flattent d'être en mesure de le détruire un jour au profit du pouvoir qu'ils espèrent fonder ; mais le jour où ce principe serait assez développé pour renverser le gouvernement royal, ce ne sont pas ces messieurs qui pourraient l'arrêter dans ses autres conséquences.

Il résulte de tout ce qui précède qu'il y a en France une faction perverse antérieure à la révolution, animée de son esprit, forte de ses intérêts, de ses souvenirs, de ses traditions ; une faction qui travaille sciemment au renversement de l'ordre monarchique pour le remplacer par un pouvoir de fait ;

Que cette faction a mis en action dans la France et dans l'Europe un principe de dissolution puissant, actif, aveugle, qui réveille tous les sentimens individuels, les exalte, les irrite, les développe au préjudice de l'esprit public, de la force publique, de l'existence de la société ;

Que ce principe n'est pas seulement anti-monarchique, qu'il est de sa nature anti-social et anti-religieux.

Il est anti-social, parce qu'il rend les individus incapables de supporter l'action de toute espèce de pouvoir exécutif, parce qu'il n'est pas une seule de ses maximes qui ne fût encore

. plus funeste à l'usurpation qu'à la légitimite , a la république qu'à la monarchie ; parce qu'il n'est pas de société, quelles que soient son origine et sa constitution, qui puisse subsister sans gouvernement, et qu'il n'est aucun gouvernement possible quand les hommes ne veulent pas donner une portion de leur liberté pour conserver l'autre ; quand ils ne veulent pas fondre une portion de leur existence individuelle dans l'existence sociale.

Il est anti-religieux, parce qu'il développe dans le cœur de l'homme tous les germes d'orgueil et d'égoïsme que la religion, et particulièrement le christianianisme, s'est toujours efforcé d'étouffer et de détruire.

Ainsi, le libéralisme, s'il était livré à toute sa tendance, ferait rentrer les hommes dans les forêts par les mêmes voies qu'ils avaient suivies pour en sortir.

Or, le libéralisme est livré en France à toute sa tendance, à toute sa portée ; ses développemens sont poussés, hâtés, exagérés sur tous les points par une puissance formidable : cette puissance, c'est la presse périodique.

DES JOURNAUX.

On discute depuis douze ans la question des journaux ; a-t-on une idée bien exacte de leur nature ?

Les journaux sont des entreprises commerciales ; les éditeurs de journaux sont des capitalistes qui mettent des fonds en commun pour faire connaître chaque jour à des abonnés les événemens publics et particuliers qui ont lieu à l'intérieur ou à l'extérieur.

Ce sont des entreprises commerciales, parce qu'elles exigent l'emploi de capitaux considérables, et qu'elles peuvent produire de gros bénéfices. Elles n'entrent dans la sphère politique que par leurs résultats ; elles n'y tiennent aucune place légale : elles ont pris naissance en dehors de toutes les combinaisons de pouvoirs qui ont été adoptées dans la constitution. Il ne faut donc les considérer que comme des produits de l'intérêt commercial ; car on peut concevoir une entreprise de journal politique fondée et soutenue par des capitalistes étrangers à la politique ; et il y a même beaucoup d'exemples de journaux qui expriment une opinion opposée à celle de quelques-uns de leurs propriétaires.

Cet intérêt commercial suffirait donc, indépendamment des opinions des éditeurs, pour déterminer la marche politique d'une pareille entreprise. Le premier intérêt d'un journal, c'est d'avoir des abonnés : or, il est évident que, plus il abondera dans le sens des intérêts individuels, plus il trouvéra d'individus disposés à le lire et à le payer.

Il faut bien songer que si l'égalité est un droit, l'inégalité est un fait qui s'étend sur tout l'ordre social : il n'est qu'un homme en France qui n'ait pas de supérieur ; c'est le Roi. Tous les autres sont nés sujets de l'envie, et subissent cette sujétion, si la religion et l'esprit de société ne les ont pas élevés au dessus de l'homme.

Il faut bien songer encore que, selon la Charte et le bon sens (qui l'avait prouvé en France long-tems avant que la Charte ne l'eût dit), tous les Français sont également admissibles aux emplois civils et militaires.

Or, comme le nombre d'emplois est limité aux besoins de la société, puisqu'un seul colonel suffit pour un régiment, les admissibles sont toujours infiniment plus nombreux que les admis.

Ainsi, on peut hardiment supposer qu'il y a en France quelques mille personnes qui se croient propres à être ministres, quelques dix mille qui se croient propres à être directeurs-généraux, quelques cent mille qui se croient propres à être préfets, quelques millions qui se croient propres à être sous-préfets, etc.

Il en résulte qu'un journal qui veut avoir beaucoup d'abonnés doit se mettre du parti des admissibles contre les admis.

Un tel journal doit combattre la religion et l'esprit social, qui font que chacun est content de sa position; il doit réveiller dans les cœurs toutes les passions envieuses, toutes les vanités jalouses, tous les germes d'orgueil et de rébellion que l'éducation y tenait captifs; il doit rappeler à tous les gouvernés qu'ils ont des droits égaux aux gouvernans; à tous les pauvres, qu'ils sont propres à posséder les biens des riches; il doit exciter toutes les ambitions, les détourner des voies régulières, qui sont encombrées, pour leur offrir des voies plus courtes dans la violence et dans le désordre. Il s'emparera de tous les mécontentemens particuliers, de tous les intérêts qui se croient

lésés, de toutes les irritations d'amour propre,
et pour flatter les passions qu'il a fait naître,
il soutiendra que le ministère est incapable,
qu'il est décrédité, qu'il ne peut se soutenir;
que, par conséquent, toutes les ambitions
doivent mettre leur enjeu sur les cartes de ses
adversaires; il prédira cette chute au bout du
premier mois, il la prédira pendant sept ans
avec la même assurance, il la prédira jusqu'à
ce qu'elle arrive.

Cet esprit anti-social ne dirigera pas seulement ses réflexions politiques; il le guidera
dans le choix et dans la rédaction des nouvelles. Ce journal aura grand soin de présenter les événemens dans le sens des passions
qu'il a fait naître; il atténuera, il omettra les
événemens contraires; il exagèrera l'importance de ceux qui le favorisent; il exaltera jusqu'aux nues la gloire et les vertus des ennemis
de l'ordre monarchique. Il n'y aura dans ce
parti ni sots ni gens médiocres, il ne s'y com-
mettra ni crimes, ni fautes, ni bassesses. Il
calomniera, il diffamera tous les hommes du
parti contraire; il n'y aura chez eux ni vertus,
ni talens, ni sentimens généreux; il les atta-
quera dans les faits les plus étrangers à la
politique, dans leurs ouvrages littéraires, dans

leur considération personnelle ; il mentira sans honte et sans crainte, car les mensonges lui rapportent plus que les vérités. Plus il fera de bruit et de scandale, plus il accroîtra sa prospérité commerciale : en multipliant les passions, il multipliera ses abonnés.

Et si l'existence d'un tel journal présente l'idée d'une puissance si monstrueuse, si incompatible avec l'existence d'une société, si funeste à la vérité, à la justice, à l'intérêt du monde civilisé, que sera-ce donc quand on imaginera quatre ou cinq entreprises de la même nature se disputant les abonnés par les mêmes moyens et à la chaleur des enchères ?

On remarquera que je ne m'occupe pas même des journalistes ; j'en connais de fort recommandables, et qui étaient appelés à faire un meilleur emploi de leurs talens ; je veux prouver seulement ici que les journaux sont, par le seul effet de l'intérêt commercial qui les a fondés et qui les soutient, dans la nécessité de nuire à la société ; et pour compléter cette démonstration, je supposerai un journal marchant dans un sens tout contraire, c'est-à-dire prêchant la modération, l'obéissance, le respect des supériorités sociales, flattant, en un mot, les intérêts des admis en repoussant les admissibles; il est bien évident que les entrepreneurs de ce journal auraient fait une moins bonne spéculation que les premiers : leur ruine et la cessation de l'entreprise ne seraient plus qu'une question de tems.

Mais on m'objectera que ce journal exprime l'opinion et qu'il ne la fait pas; c'est-à-dire, apparemment, que ce sont ses abonnés qui l'endoctrinent. N'est-ce pas comme si l'on soutenait que le professeur reçoit l'enseignement de ses écoliers? L'abonné, me dira-t-on, vient de lui-même chercher le journaliste ; mais quand je vais au cours d'Andrieux ou de Villemain, c'est sans doute pour recevoir de ces professeurs leurs opinions littéraires, ce n'est pas pour leur donner les miennes.

La puissance des journaux sur l'opinion est fondée sur la différence de position entre le journaliste et l'abonné. Le journaliste est au centre du mouvement politique ; il agit sur des individus isolés à la circonférence ; il agit tous les jours sur le même point et dans le même sens : il est peu d'esprits assez forts pour résister long-tems à l'ascendant d'une telle position*. C'est par cette raison que la presse non

---

* Qu'on me donne le pouvoir de dire tous les jours la

périodique est loin d'avoir dans la politique la
même importance que les journaux. Il faut, en
général, un attrait de curiosité extraordinaire
pour porter un homme à se procurer un écrit
qui coûte une démarche à sa paresse; des affaires, des plaisirs, des incidens de toute espèce peuvent se placer chez lui entre le vouloir
et l'exécution. Il n'en est pas de même des
feuilles périodiques : au moyen d'une lettre
que vous aurez pris la peine d'écrire, un journal vous viendra trouver chaque matin. Il de-
viendra l'aliment accoutumé de votre esprit,
il s'y introduira peu à peu; il y sèmera, il y
développera ses germes, il y portera ses fruits.
Quiconque s'est abonné à une feuille publique
peut se dire qu'il a donné à d'autres hommes
un ascendant quelconque sur ses pensées et sur
ses actions; et quand on songe que cet ascendant est confié quelquefois à des inconnus, à
des hommes sans état et sans garantie, et que,
fussent-ils dignes de votre confiance, le journal lui-même est, par sa nature, intéressé à en
abuser, on ne peut envisager sans effroi les
conséquences d'un pareil état de choses.

Si telle est la nature et la tendance de la

même chose à un homme qui déjeune, et je suis bien sûr de
finir par lui persuader tout ce que je voudrai. (ADISSON).

presse périodique, il n'est pas étonnant que la faction révolutionnaire se soit associée à cette puissance pour mettre en action dans la société le principe du libéralisme. Il y avait analogie parfaite entre l'intérêt politique de cette faction et l'intérêt commercial des entreprises de journaux : plus heureux en cela que les royalistes, les révolutionnaires ont donc pu se livrer à la tendance des journaux qu'ils élevaient, sans trouver la voix de leur cœur en contradiction avec celle de leur caisse.

L'esprit révolutionnaire, armé des journaux et marchant à la destruction de l'ordre social par le développement du libéralisme, s'est hâté d'établir ses batteries sur le terrain réservé par la constitution à l'opposition parlementaire. Dans cette position, il a pu attaquer la royauté sous la protection de la Charte royale, et, sous la sauve-garde des lois, il a pu combattre les lois elles-mêmes.

A l'aide de la presse périodique, il a étendu son influence jusqu'aux extrémités du corps social ; en s'emparant des intérêts individuels, il a réveillé cette force populaire qui avait si long-tems désolé la France, et qui sait si bien le chemin du pouvoir.

A l'aide de la presse périodique, il est venu

à bout de déplacer le principe de [l'honneur; lorsque le gouvernement est insulté, les corps inamovibles qui n'ont rien à redouter de lui se tournent du côté populaire. Plus ils vivent de dignités et d'hommages, plus ils sont tentés de s'accommoder avec le parti qui dispose de la renommée, et qui a la diffamation à son service; quand ils ont obtenu tous les honneurs, l'auréole de la popularité vient les séduire. Ils ne savent pas que cette auréole est brûlante, qu'elle dévore les mortiers et les couronnes ducales, et que la majesté se retire de tous les fronts qu'elle a touchés.

A l'aide de la presse périodique, l'esprit révolutionnaire n'a pas eu de peine à dominer la chambre élective, et pour comprendre cette domination, il suffit d'une seule remarque; c'est que les journaux vont aux lieux d'où les députés viennent

Mais, dira-t-on, la tribune n'est-elle pas entendue dans toute la France? Par qui la voix de la tribune est-elle portée aux extrémités du royaume, si ce n'est par les journaux? Les journaux peuvent à leur gré étendre où abréger un discours; ils peuvent même l'omettre entièrement; ils peuvent, avec de simples parenthèses, faire croire que ce discours a été l'objet de la faveur ou de la défaveur de la chambre ; qu'il a confondu le ministère, ou qu'il a été sifflé par l'auditoire. Par les journaux, tel orateur dont l'éloquence verbeuse n'a jamais pu s'élever au dessus des conversations particulières, passe, dans sa petite ville, pour un Démosthènes ; tel autre, qui s'agite dans le vide, et par l'importance qu'il se donne, veut suppléer à celle qu'on lui refuse, passe pour conduire l'opposition.

Enfin, les journaux ne transmettent point seulement les effets de la tribune ; ils la jugent. Un député dont ils ont dénaturé l'opinion en l'abrégeant, en la rédigeant à leur manière, est ensuite jugé, condamné, exécuté dans leurs articles. Joignez à cela que la tribune ne parle que pendant quelques mois, et que la presse périodique parle pendant toute l'année : voyez laquelle de ces deux puissances doit dominer l'autre.

Voilà donc évidemment une souveraineté nouvelle qui domine trois pouvoirs politiques, la pairie, la chambre des députés, et le pouvoir judiciaire, car on peut donner ce nom aux tribunaux depuis que la législation leur a remis les délits de la presse. Je me demanderai si cette souveraineté des journaux est entrée dans les combinaisons de l'auteur de la Charte, dans la balance des pouvoirs souverains qu'elle a constitués, qu'elle a limités, dont elle a déterminé les rapports et l'action !

J'ouvre cette concession royale, et je n'y vois rien qui concerne les journaux ; seulement j'y trouve que tous les Français ont le droit de publier leur opinion par la voie de la presse ; or, publier son opinion ou publier un journal, est-ce la même chose ?

La preuve que ces deux droits ne peuvent être confondus, c'est qu'il n'y aurait pas un seul journal, que tous les Français n'en seraient pas moins libres de publier leurs opinions par la voie de la presse ; ce qui se passait hier sous la censure en est un exemple.

Ainsi que je l'ai dit plus haut, des journaux sont des entreprises commerciales : on pourrait citer beaucoup de fondateurs et d'éditeurs de journaux qui n'ont jamais écrit une ligne dans leurs feuilles ; les éditeurs en nom, les éditeurs responsables ne sont pas même tenus de savoir les lire.

Ce ne sont donc pas leurs opinions que publient les éditeurs de journaux, ce sont d'abord les nouvelles politiques et littéraires, puis les les opinions présumées des écrivains qu'ils salarient. Mais si l'existence du journal importe à l'intérêt de ces écrivains, cette existence est étrangère au droit qu'ils ont, comme Français, de publier leurs opinions par la voie de la presse. Tous les pamphlets qui ont été publiés pendant la censure l'ont été par des journalistes.

Personne ne pourrait soutenir aujourd'hui que le droit d'élever un journal fasse partie de ceux déclarés par la Charte. Or, si les journaux ne sont point dans la Charte, il est évident qu'ils lui sont contraires; car l'intrusion dans la constitution d'une puissance souveraine qui domine tous les pouvoirs souverains, détruit nécesssairement la constitution dans ses conditions essentielles.

Il n'est pas étonnant que, ayant à sa disposition un instrument aussi formidable que la presse périodique, l'esprit révolutionnaire ait élevé si haut sa puissance; il n'est pas étonnant qu'il soit devenu si menaçant pour l'ordre social, et qu'il lui ait déjà porté des atteintes si funestes. Par lui, toutes les idées, tous les principes se sont émus; sa force a remué toutes les faiblesses; des pierres angulaires de la monarchie se sont détachées! On a vu se ranger sous ses drapeaux toutes les ambitions qui n'avaient

pu trouver place dans la formation du ministère, et celles qui, admises dans les rangs de
l'administration, étaient trop actives pour
s'asseoir, trop désordonnées pour s'associer
aux réalités de l'ordre dont elles avaient sou-
tenu les théories, trop bruyantes enfin pour
se soumettre aux règles de l'harmonie. De la
position élevée où l'esprit du mal s'était placé,
il a tendu sa main à l'orgueil du talent et des
services. Des royalistes n'ont pas craint de
toucher cette main souillée du sang des rois-
martyrs ! Ainsi l'ordre monarchique a été trou-
blé depuis sa base jusqu'à son sommet ; d'an-
tiques loyautés, des fidélités presque fabuleuses
se sont ébranlées, et, comme au commence-
ment des jours, des étoiles sont tombées du
ciel !

Qu'un autre essaie de comprendre par quel
aveuglement funeste des hommes illustrés par
la défense de la religion et de la légitimité
ont abjuré la gloire de leur vie pour embrasser
des principes qui condamnent leurs belles actions et leurs beaux ouvrages ; qu'un autre ex-
plique par quelles étranges aberrations d'amour
propre ils ont cessé volontairement d'être les
premiers des royalistes pour se faire les der-
niers libéraux ; car il ne faut pas qu'ils se mé-

prennent sur l'estime et la confiance de leurs nouveaux auxiliaires : tout chargés d'antécédens monarchiques, ils seront toujours odieux à la révolution. Celui qui ne fut point satisfait d'être l'égal de quelques ministres, pourra t-il faire croire aisément à son amour pour l'égalité?

Une défection si douloureuse serait en effet inexplicable, si, avec un seul mot, on n'expliquait toutes les fautes de l'homme. Quelque élevé qu'il soit, il est dominé par l'orgueil.... Ainsi un génie est tombé de sa sphère, et la société s'en est émue. Ange déchu ! ta voix, naguère si éloquente lorsqu'elle célébrait les beautés de l'ordre, perd sa force et sa puissance en voulant s'élever contre lui. Les mortels admirent encore ton front sillonné de la foudre ; mais pour eux tes ressentimens parlent plus haut que tes attaques, et les imprécations ne prouvent que ta chute : toutefois, ta destinée n'est point changée ; tes écrits sont encore utiles à la cause de l'ordre, car ils montrent aux hommes l'impuissance et la vanité des plus grands talens qui n'ont pas la vérité pour objet !

Maîtresse des pouvoirs politiques, la presse périodique n'a pas eu de peine à étendre sa domination sur le reste de la société. Tous les savans, tous les gens de lettres, tout ce qui vit de gloire et de célébrité a voulu se mettre bien avec elle. Devenue souveraine, elle a trouvé des flatteurs. La raison et le bon sens se sont cachés devant elle ; les alarmes qu'elle excitait se sont condamnées au silence ; tout le monde s'est composé une physionomie selon la sienne, et, comme toutes les puissances morales, où elle n'a pu faire des adeptes elle a fait des hypocrites.

Il ne faut donc point s'étonner si, après une longue résistance, une corporation littéraire lui a sacrifié son indépendance et sa dignité. L'académie française est, plus que toute autre compagnie, soumise à l'empire des journaux : la supériorité littéraire de ses membres est une fiction à laquelle le public a besoin de se prêter. Attaquée dans ses élections, elle sentait sa consistance ébranlée par les sarcasmes et par l'ironie de l'opposition. Elle a cédé ; et comme toute pactisation de l'intérêt particulier avec la presse libérale se fait aux dépens de l'ordre public, l'Académie s'est portée à un acte d'hostilité politique qui prit tous les caractères d'une usurpation de pouvoirs.

Non contente d'attaquer de front le gouvernement, la presse périodique a fait tous ses efforts pour l'isoler et pour le dissoudre. Tous ceux qu'elle n'a pu ébranler par les séductions de l'ambition, elle les a attaqués par le déshonneur ; tous ceux qu'elle n'a pu corrompre, elle a tâché de les décréditer : c'est dans ce but qu'elle a créé l'épithète de *serviles* pour les auxiliaires du ministère, feignant d'attribuer à des sentimens bas et méprisables des adhésions qui avaient leur source dans ce qu'il y a de plus noble et de plus respectable au monde, dans une opinion libre et éclairée.

Ainsi l'homme de bien qui, après avoir travaillé toute sa vie à faire prévaloir ses doctrines politiques contre les erreurs de chaque époque, contre les pouvoirs formidables de la révolution et de l'empire, contre les administrations éphémères de la restauration ; le député, le propriétaire, l'écrivain, qui, après de longs combats contre le mal, voit le bien qu'il a rêvé se réaliser dans un ministère, doit abandonner ses principes, parce qu'ils triomphent. Il doit entrer contre eux dans une coalition que réprouve sa conscience, s'associer à des efforts qu'il condamne, à des attaques dont il aperçoit le but coupable et les résultats funestes, sous peine d'être livré à d'indignes soupçons, à des accusations flétrissantes. Il faudra qu'il soit criminel par honneur, qu'il se rende méprisable pour éviter le mépris, qu'il trahisse sa conscience pour qu'on ne l'accuse pas d'en manquer!

Dans le système constitutionnèl, le ministère est à une opinion ce que, dans l'ordre logique, *le moyen* est *à la fin*. Ainsi tout homme conséquent qui s'est fait une opinion arrêtée sur les affaires de son pays, doit désirer *le moyen* de réaliser cette opinion dans la société : il doit tout faire pour obtenir un ministère selon ses principes, et quand ce ministère est venu, il doit le soutenir de toutes les forces de son patriotisme. Celui qui se consacre à toutes les oppositions successives est un brouillon ou un factieux ; il prouve nécessairement ou qu'il n'a ni opinions ni principes, ou que son but est en dehors de l'ordre établi. Enfin s'il n'y avait en France que deux classes d'hommes, *des indépendans et des serviles*, comme il est bien certain que dans la terre natale de l'honneur personne ne voudrait être servile, il n'y aurait plus de gouvernement possible ; la société se dissoudrait, et les hommes retourneraient dans les bois, vrai séjour de l'indépendance.

Ainsi l'épithète de *serviles*, appliquée aux auxiliaires du ministère, offre tous les caractères de l'injure : l'injustice et l'absurdité. Parmi ceux qui font usage de ce moyen d'attaque , il n'en est pas un qui n'ait été *servile* hier ou qui ne desire l'être demain : si l'on est *servile* pour prêter son appui à un ministère de son opinion, c'est *la servilité* que regrettent les uns, c'est à *la servilité* qu'aspirent les autres!

Le parti qui maintient une telle qualification n'outrage pas seulement la vérité et la justice, il porte atteinte à la liberté des citoyens, il est arbitraire et tyrannique ; et la tyrannie des journaux n'est ñi moins odieuse ni moins incommode que la tyrannie des gouvernemens.

Mais je n'ai montré jusqu'ici que la domination exercée par la presse périodique sur les pouvoirs souverains de la société. Il me reste à faire connaître les préjudices causés par cette puissance usurpatrice aux intérêts particuliers qu'elle prétendait garantir ; les abus que j'ai décrits, bien qu'ils compromettent l'ordre social, n'étendent pas leurs effets immédiats hors du cercle politique où leur principe s'est introduit. Ceux que je vais signaler sont le résultat des combinaisons les plus étrangères à la politique et ne dévorent que les plus obscurs citoyens.

Qui croirait qu'il existe au dix-neuvième siècle, dans une des plus grandes villes du monde policé, une bande de prétendus gens de lettres qui, spéculant sur la crainte de la diffamation et de la calomnie, trouble les honnêtes gens au milieu de leurs occupations paisibles, et, le libelle sous la gorge, leur demande la bourse ou l'honneur?

Qui croirait que plusieurs journaux sont institués pour ce brigandage? qu'ils étendent sur toutes les classes les exactions et les avanies? qu'ils mettent à contribution les personnes de toutes les professions en les attaquant dans leurs talens, dans leur vie privée, dans le métier qui les fait vivre? Qu'enfin ils tiennent dans un état d'oppression et de terreur une partie considérable de la population de cette grande cité?

Ces journaux se soutiennent aisément, car chez eux les abonnemens sont forcés; ils ne coûtent point de frais de rédaction, car leur prospérité est fondée, non sur le goût, mais sur la peur. Les rédacteurs anonymes ne reçoivent de l'entreprise aucun salaire pour leurs travaux. L'écrivain dont on admet les articles obtient le droit de faire contribuer qui bon lui semble. Il peut partager avec les auteurs dramatiques le profit et la gloire d'un mélodrame ou d'un vaudeville qu'il n'a point fait; il peut arracher au comédien ou à la figurante une partie du tribut payé par le public au talent et à la beauté; il peut enfin descendre aussi bas que la calomnie peut aller, car on recevra dans son journal des articles contre les traiteurs et les épiciers, contre les limonadiers et les tailleurs. S'il est dans ces journaux des hommes qui ne font que le théâtre, il en est qui font le restaurant et l'hôtel garni.

Hâtons-nous de dire, pour l'honneur des lettres, que tous les petits journaux ne sont point livrés à ces spéculations dégradantes; il en est qui comptent dans leurs rédacteurs des hommes de goût et de talent, et qui se font même remarquer par une saine critique littéraire. Dans ceux-là, on se contente d'imposer aux administrations théâtrales des nécessités d'un ordre plus relevé; on force un directeur à recevoir des pièces qu'il croit mauvaises, ou à maintenir au répertoire des ouvrages surannés. Le public souffre bien un peu de cette oppression, mais la caisse du directeur n'éprouve que des lésions indirectes. Ainsi, le vice de l'institution des journaux se décèle plus ou moins dans_toutes ces entreprises ; partout il produit la tyrannie et l'exaction ; partout il attaque la liberté et la propriété ; partout il dénature le caractère des hommes qui se consacrent à cette industrie.

Ces faits, qui sont inconnus de la France, ne sont que trop connus des habitans de Paris ; il n'est personne qui ne sache que, dans cette ville où le pouvoir public est l'objet de tant de défiances apparentes, on trouverait plus de citoyens vivant dans la crainte des journaux que dans la crainte du ministère. Il faut plus qu'un courage ordinaire pour dénoncer une puissance aussi redoutée.

On s'étonnera sans doute que tant d'hommes estimables subissent si passivement une opppression si révoltante ; mais n'est-ce pas la même population que la révolution opprimait et décimait à son gré par le développement du même principe de terreur ? Quand l'épée de Damoclès est suspendue sur toutes les têtes, qui ne s'estimerait heureux de pouvoir acheter avec quelques parcelles d'or, le sommeil de ses nuits et la paix de son foyer domestique ? On s'étonnera qu'un pareil brigandage puisse s'exercer impunément à la face de l'opinion publique, mais l'opinion publique est asservie ; d'ailleurs les journaux dont il s'agit sont en règle ; ils courrent sous le pavillon libéral, et l'opposition leur a donné des lettres de marque.

Ainsi, la presse périodique qui prétendait protéger les intérêts individuels, dévore ces intérêts comme une vile proie!

Il ne faut pas croire que cette industrie criminelle arrête ses effets à de certaines classes plus particulièrement en rapport avec le public; si celles-là sont atteintes aujourd'hui, toutes les autres sont menacées. Qui verrait sans effroi s'établir, dans le sanctuaire même de la justice, des gazettes destinées à répandre au loin le scandale de certaines causes qui intéressent l'honneur des familles, et à augmenter des chagrins domestiques par la flétrissure d'une publicité que le tribunal n'a point ordonnée? Qui ne serait effrayé en songeant que de telles gazettes sont intéressées à tout dire, à tout répandre ; qu'il a fallu la présence de la censure pour les réduire aux initiales, et pour mettre des bornes à la hardiesse de leurs indiscrétions? que de telles gazettes peuvent donner, selon leur gré, toute latitude à l'accusation ou à la défense; qu'elles peuvent choisir dans un intérêt de parti, où d'après des intérêts privés, les matériaux dont elles se composent? Et, comme toutes les tyrannies se soutiennent et se coordonnent, l'homme qui, outragé dans sa vie domestique par quelque journal obscur, voudra demander à la justice la punition du libelliste, trouvera dans le tribunal même deux autres journaux qui se hâteront de faire connaître à toute la France la nature et les circonstances d'une diffamation dont l'effet s'était arrêté aux abonnés du premier.

Mais une combinaison plus vaste et plus menaçante encore, semble avoir donné naissance à une autre feuille dont l'existence vient à peine de se révéler, et qui aura pour objet spécial de publier tous les actes des tribunaux de commerce.

Je demanderai à ceux qui savent que le crédit d'un négociant tient à des conditions tout aussi délicates que l'honneur des particuliers, à des conditions que la moindre défiance peut altérer, que la moindre indiscrétion peut détruire; si des hommes qui auront le droit de publier les jugemens, les protêts, tous les actes de la justice commerciale, ne disposeront pas, par ce fait seul, de la fortune des particuliers? Ainsi toutes les professions auront leurs tyrannies spéciales qui s'exerceront sur les intérêts privés, sous les protections de la grande ty-rannie libérale.

Tels sont les élémens de l'opposition qui se dit parlementaire. Je vois fort clairement tout le mal qu'une telle opposition peut faire à la société, mais je ne vois nullement ce qu'elle peut prouver contre le ministère. Elle élève contre lui, non pas des accusations positives, mais des cris de haine et de fureur; non pas un concert, mais une cohue de voix confuses et opposées entre elles qui peut étourdir tout le monde, mais qui ne saurait convaincre personne. Enfin elle remplit la France de clameurs et de tumultes; tout cela peut causer du désordre et troubler la tranquillité publique; mais un charivari n'est pas une raison.

L'opposition du *Constitutionnel* ne prouve rien contre le ministère, car depuis la restauration les hommes de ce journal n'ont été ministériels que sous le despotisme des cent jours; si depuis ils se sont convertis de bonne foi à la Charte et à la liberté légale, il faut louer Dieu de cette conversion; mais comme ils ont été en opposition contre tous les ministères des Bourbons, on peut supposer sans injustice que leur amitié est située à une distance où les ministres ne sauraient l'atteindre sans laisser leur loyauté en chemin.

L'opposition du *Journal des Débats* ne prouve rien contre le ministère, car ce journal a été pendant près de trois ans l'appui et le soutien du système ministériel. S'il a oublié les services qu'il a rendus, la reconnaissance des ministres doit les rappeler.

Comment son admiration pour ce système a-t-elle pu, dans l'espace d'un jour, se changer en aversion et en mépris? Comment une administration qui, le 6 juin 1824, était selon lui le type de tout ce qu'il y a de plus parfait, a-t-elle pu devenir, le 7 juin le type de tout ce qu'il y a de plus funeste? Comment, avant le 6, n'y trouvait-il rien à blâmer? comment depuis n'y trouve-t-il rien à approuver? C'est que dans cette fatale journée du 6, le ministère s'était séparé d'un homme que *le Journal des Débats* s'honore avec raison de compter au nombre de ses rédacteurs ; dès lors ce ministère a été, aux yeux du *Journal des Débats*, plongé dans les ténèbres et privé du génie des affaires. Offenser *le Journal des Débats!* c'était un crime qui ne pouvait manquer d'indigner toute la France ; c'était une témérité et un aveuglement qui annonçait une chute prochaine !

On a dit que Bonaparte croyait en lui : le *Journal des Débats* avait dans sa propre puissance une foi non moins robuste et non moins aveugle. Dans les aberrations de son orgueil, il en était venu à croire qu'il faisait les événemens, parce qu'il faisait quelquefois ses nouvelles. Il ne doutait pas que le ministère ne tombât promptement sous ses foudres : il ne pensait pas que le principe tout personnel de ses hostilités neutraliserait l'effet de ses attaques ; qu'en changeant subitement de langage, il détruirait sa consistance, et que ses censures du lendemain étaient d'avance décréditées par son approbation de la veille.

Il accabla donc l'administration d'accusations de toute espèce : cette administration fut médiocre et mesquine, parce que les hommes qui la dirigeaient avaient mieux aimé s'appuyer sur le bien public que sur les colonnes du *Journal des Débats;* cette administration fut l'ennemie des lettres, parce qu'elle n'accordait pas assez d'importance aux gens de lettres du *Journal des Débats.* Enfin, les hommes de cette administration avaient des idées surannées ; ils détestaient le régime constitutionnel ; ils voulaient nous ramener à des tems de barbarie, à ces tems où les gouvernemens marchaient sans journaux, où les hommes d'état faisaient des affaires au lieu de faire des articles, où les écrivains faisaient des livres au lieu de faire du gouvernement.

Au bout de quinze jours d'attaques, le *Journal des Debats* ayant vu avec surprise que l'administration était encore debout, en conclut qu'il n'avait pas été assez violent. Il redoubla donc de personnalités et d'invectives, et si la force pouvait suppléer à la justice, si la calomnie pouvait suppléer à la vérité, si les injures pouvaient remplacer les raisonnemens, il aurait triomphé de ses adversaires. Il ne s'épargna pas même les épithètes de *valets* et d'*espions* contre les auxiliaires du gouvernement, oubliant qu'il avait été lui-même au nombre de ces auxiliaires, oubliant même que son principal propriétaire avait fait de la police sous un ministère précédent.

Mais enfin, dans la langue la plus riche, le nombre des épithètes est borné ; tous les dictionnaires ont une fin, même le dictionnaire de l'Académie ; partout la violence amène l'épuisement, et la prodigalité amène la disette. Quand le *Journal des Débats* eut employé tous ses projectiles, il en demanda aux arsenaux de la révolution ; il évoqua de deçà les mers la liberté républicaine ; il groupa dans un même foyer les lueurs du carbonarisme européen, et nous donna cette fausse clarté comme l'étoile conductrice du genre humain ; il nous parla de l'ingratitude des rois, do la gratitude des peuples, des révolutions à l'eau de rose et du réveil des *descamisados*, et fit pâlir le génie du christianisme devant l'éteignoir de l'indifférence. Enfin, les hommes de ce journal n'épargnèrent aucun moyen pour ébranler cette monarchie, déjà si affaiblie depuis qu'elle avait perdu leur soutien!

Dans tout cela je vois bien les fautes du *Journal des Débats*, mais je cherche vainement les fautes de l'administration.

L'opposition de *la Quotidienne* ne prouve rien contre le ministère ; car ce journal a pris lui-même la peine de nous apprendre que son opposition se faisait non dans l'intérêt des principes monarchiques, mais dans l'intérêt de quelques hommes.

On lit dans sa feuille du 1ᵉʳ juillet dernier que, depuis la censure, les « journaux ministé- » riels, déplorant les fruits amers qu'a produits » la division des royalistes, n'avaient cessé » d'inviter *la Quotidienne* à se réunir au mi- » nistère. »

Elle en concluait « que le ministère cher-
» chait à se réconcilier avec le parti royaliste.
» Nous sommes toujours prêts, nous dit-elle,
» *à faire le sacrifice de nos ressentimens per-*
» *sonnels aux intérêts du trône si gravement*
» *compromis.* Que le ministère commence
» donc par nous donner des preuves de ses
» bonnes intentions *en appelant au pouvoir*
» *les chefs du parti royaliste*, ces hommes
» dont le dévouement aux Bourbons fait l'ad-
» miration de l'Europe, ces hommes dont
» le talent leur a gagné vingt batailles. *A ces*
» *titres, le ministère peut être certain qu'il*
» *aura l'approbation et le concours des roya-*
» *listes; sinon, nous resterons dans la posi-*
» *tion où nous sommes.* »

Ainsi, c'est pour faire admettre ces hommes
au partage du pouvoir, qu'elle s'est efforcée
d'affaiblir le pouvoir du Roi. *La Quotidienne*
aime le Roi; mais il est des hommes qui sont
avant le Roi dans ses affections, puisque, depuis quatre ou cinq ans, elle n'a cessé de sa-
crifier l'autorité du Roi à l'ambition de ces
hommes.

La Quotidienne professe un grand attache-
ment pour les principes monarchiques, et elle
n'a pas craint de s'associer aux efforts des éter-

nels ennemis de ces principes ; elle déteste la révolution , et s'est rendue l'auxiliaire de toutes les attaques de la révolution ; elle a vu des ministres royalistes engagés dans une lutte violente avec les ennemis de la royauté , elle s'est déclarée contre ces ministres; elle n'a rien épargné pour les affaiblir , pour les ruiner, pour contrarier leurs mesures , pour diviser leurs amis , pour leur ôter enfin tous les moyens de repousser et de contenir une faction dont les entreprises devenaient menaçantes pour le trône.

- Toutes les subtilités de *la Quotidienne* ne sauraient rien changer à ce fait ; elle a trahi la cause du Roi en s'associant aux efforts de la révolution contre le gouvernement du Roi. *La Quotidienne* nous dira qu'en prenant part aux attaques de la révolution contre le ministère, elle n'a pas cessé de professer les principes monarchiques; cela est vrai, et c'est précisément ce qui rend son opposition criminelle ; car, dans les cas de désertion, l'homme qui va planter son drapeau dans les lignes ennemies, est plus coupable que celui qui va se ranger sous le drapeau des ennemis.

La Quotidienne a souvent essayé de justifier son opposition en alléguant les principes du

gouvernement constitutionnel; d'après ces principes, nous dit-elle, les partisans de la prérogative royale peuvent quelquefois se trouver en
opposition avec le ministère, quand ils croient
les intérêts de cette prérogative compromis
par la marche du gouvernement, et l'on a vú
les hommes qui figurent aujourd'hui dans le
ministère prendre part à une semblable opposition contre un ministère précédent. Mais ce
n'est pas l'opposition en elle-même qui est un
crime pour les royalistes, c'est l'opposition
contre un ministère royaliste. L'exemple allé-
gué par *la Quotidienne* fait donc sa condamnation; l'ancien ministère dont elle parle avait
quitté la ligne monarchique pour chercher son
appui dans les intérêts révolutionnaires; tous
les hommes dévoués à la cause du Roi devaient
donc se trouver en opposition contre un tel
ministère. La situation de ces hommes est toujours la même : ministres ou opposans, ils ont
toujours la révolution en face, et *la Quotidienne* a maintenant la révolution à ses côtés,
et l'autorité royale en face !

A qui les rédacteurs de *la Quotidienne* per-
suaderont-ils qu'ils ont servi les principes
monarchiques en combattant la loi du droit
d'aînesse et la loi de la presse; en poussant

l'Académie à l'usurpation de pouvoir qu'elle s'est permise ; en allant chercher, pour détruire la majorité royaliste de cette compagnie littéraire, un personnage politique qui s'est rendu célèbre dans la défense des *doctrines* de la révolution ; en travaillant enfin sans cesse et sans relâche à la dissolution , à la destruction de ce parti monarchique dont elle avait jadis la confiance ?

Encore une fois, je vois bien ici les fautes de *la Quotidienne*, mais je ne vois pas les fautes du ministère.

J'ai montré, je crois, suffisamment que tous les journaux sont engagés dans une opposition par des motifs particuliers à chacun d'eux : or, une coalition qui se fonde sur des opinions contraires est immorale, car elle suppose nécessairement dans quelques-uns des coalisés le sacrifice des principes et de la conscience. Comment des hommes, qui ne s'entendent entre eux ni sur le bien, ni sur le mal, pourraient-ils qualifier avec équité les actes de l'administration ? Quelle confiance doit-on mettre dans leurs jugemens ? quel crédit méritent leurs attaques ? que promettraient-ils à la France au jour de leur triomphe ? la division et l'anarchie ; car, réunis seulement pour détruire , comment pourraient-ils s'accorder pour réédifier ?

Mais ce qui rend cette coalition plus criminelle, c'est que la destruction qu'elle médite ne s'arrête pas au ministère. Quel ministère au monde pourrait, en effet, satisfaire *le Constitutionnel?* Serait-ce celui du *Journal des Débats?* serait-ce celui de *la Quotidienne?*....

Quand une opposition va plus loin que le ministère, que prouve-t-elle contre lui? Elle prouverait plutôt en sa faveur; car lorsque l'opposition a tort, c'est le ministère qui a raison.

L'accord des journaux contre toutes les mesures du gouvernement, contre tous les actes de l'administration, est donc un fait étranger à la cause du bien public et au triomphe de la vérité ; cet accord ne saurait donc avoir pour résultat que de tromper la France, que d'égarer l'opinion au lieu de l'éclairer. Il y a plus ; les journaux sont, par les vices même de leur institution, dans l'impossibilité de créer une opinion vraie sur la marche des affaires. Pour concevoir cette impossibilité, il suffit de penser qu'il n'est pas de mesure d'ordre et d'intérêt général qui ne lèse quelques prétentions particulières, qui ne fasse naître des mécontentemens plus ou moins nombreux. Or, le devoir d'une administration est de faire prévaloir l'intérêt de tous sur l'intérêt de quelques-uns, celui de la justice sur les exigences de l'égoïsme, et la nature des journaux les ouvre aux plaintes et aux récriminations de tous les individus. C'est sous la dictée des mécontentemens et des irritations d'amour propre que sont écrits les articles des feuilles publiques; c'est dans le sens exclusif des passions qu'on fait connaître à la France les affaires qui l'intéressent.

Les journaux sont obligés de parler de tout et n'ont les moyens de rien savoir. Ont-ils connaissance des dépêches des cabinets, des dossiers des ministères? Ont-ils assisté aux conseils du Roi, où sont discutées les grandes mesures d'ordre et de gouvernement? Ont-ils été admis dans les salles du conseil d'état, où sont rapportées, où sont élaborées toutes les affaires litigieuses? Peuvent-ils découvrir les intérêts compliqués qu'il a fallu entendre et démêler avant de décider la moindre question administrative? Et pourtant ils prononcent hardiment dans toutes ces questions, ils blâment et ils condamnent sans examen, sans contradiction, sans égards pour la vérité ni pour la justice!

Tous ces faux jugemens, toutes ces folies, toutes ces erreurs volontaires et involontaires, toutes ces plaintes de l'égoïsme, toutes ces accusations de la légèreté et de la mauvaise foi sont depuis six ans, en France, le pain quotidien des esprits.

Ainsi s'est formée, s'est développée cette opposition frondeuse et bruyante qui prétend gouverner l'opinion publique parce qu'elle entraîne dans son sens la surface de la société, comme le vent qui souffle en remontant contre le fleuve fait croire que le courant est changé ; mais si cette opinion factice a de la violence et de l'étendue, elle n'a pas heureusement de profondeur ; si elle tourmente les esprits, elle n'a point pénétré dans les consciences ; si elle émeut les intérêts, c'est dans le sens opposé à ses desseins et à ses paroles.

En effet, il est impossible qu'une administration dirigée par le meilleur des monarques, et secondée par tout ce qu'il y a dans le pays d'hommes éclairés, d'hommes consciencieux, d'hommes versés dans la science des affaires, n'ait pas réalisé, depuis qu'elle est en exercice, une partie du bien qui est dans le cœur du Roi ; il est impossible que cet esprit royal si élevé, si généreux, cet esprit qui est tout amour, tout dévouement pour la France, agisse dans l'administration sans se manifester par des bienfaits, sans exciter des sentimens de gratitude et de reconnaissance ; il est impossible qu'une sollicitude qui s'étend à tous les intérêts, à toutes les branches d'industrie, à tous les élémens de prospérité publique, n'ait pas produit des résultats avantageux pour les localités et pour les individus; il est impossible, enfin, que les députés des départemens, que les magistrats de toutes les communes du royaume, que les conseils généraux, que les conseils muncipaux, que tous les hommes qui, pour les affaires de leurs localités ou de leurs familles, se trouvent en rapport direct avec l'administration, n'aient pas puisé dans ces rapports le sentiment de son équité, de sa loyauté, des intentions droites qui la dirigent : s'il en était autrement, il faudrait croire que l'amour est stérile, et que la haine seule est féconde!

Mais, heureusement pour l'humanité, cette supposition s'évanouit devant l'évidence des faits. Le Roi a parcouru plusieurs départemens de son royaume ; partout il a recueilli des témoignages de confiance et d'amour, partout sa présence a produit le bonheur et l'allégresse;

les populations qu'il a traversées lui ont prouvé par leur reconnaissance que sa sollicitude était appréciée, que les bienfaits de son règne étaient sentis ; et tandis que l'opinion publique s'exprimait ainsi sans intermédiaire, les prétendus organes de cette opinion, les journaux de l'opposition, loin de recueillir et de transmettre ces expressions de la reconnaissance du peuple, se bornaient à annoncer que le Roi avait été reçu par les fonctionnaires d'une ville, et à imprimer quelques lambeaux dénaturés des proclamations des magistrats.

Si l'opinion est, en effet, la reine du monde, il faut convenir que cette reine a des ministres bien infidèles, et qu'elle doit se hâter de les congédier !

Ainsi, la France est troublée dans sa paix intérieure et dans le sentiment de son bien-être par une opposition qui s'efforce de l'arracher à ses destinées et à ses intérêts pour la précipiter dans les voies des révolutions et de l'anarchie ; par une opposition qui se sert de la presse périodique non pour l'éclairer, mais pour la tromper, pour répandre dans la société tous les germes de dissolution, tous les principes de désordre ; par une opposition qui, à force de violences et de tyrannie, prétend chan-

ger le sens commun des choses, et entraîner
les esprits dans le sens particulier de ses intérêts et de ses passions.

N'en doutons pas, ce sont les tiraillemens
causés à la société par ces efforts de l'opposition, qui, au milieu d'une situation prospère,
ont produit cette impatience, cette irritation,
cette anxiété générale, qu'on a signalée à la tribune sous le nom de *malaise indéfinissable*.

Il est tems d'apporter un terme à cette ma-
ladie politique; il est tems que la véritable opinion politique s'élève au dessus de cette opinion factice qui l'opprime et qui la tourmente;
il est tems que les pouvoirs législatifs, remis
en harmonie par la sagesse du Roi et par la sagesse des électeurs, puissent travailler dans
leur indépendance et leur souveraineté au développement d'un système de restauration,
fondé sur l'intérêt social et sur les intérêts privés; il est tems enfin qu'une législation ferme
et protectrice délivre ces intérêts des insultes
et des avanies de la presse périodique, et mette
l'honneur et la propriété des citoyens hors de
la portée des pamphlétaires.

Dans les six années qui viennent de s'écou-
ler, beaucoup d'intrigues ont été formées,

beaucoup d'ambitions ont spéculé sur la difficulté des tems ; la grande mesure qui vient d'être prise aura pour effet de briser ces intrigues, de faire rentrer ces ambitions dans les voies de l'intérêt public. La France comprendra la pensée de son Roi. Les colléges électoraux, qui jugent les hommes d'état, jugent aussi les journalistes ; ces assemblées de propriétaires sauront de quel côté viennent les seuls dangers qui menacent aujourd'hui la propriété ; ils ne se laisseront pas détourner, par des dangers imaginaires, dés points qui réclament leurs secours et leur sollicitude ; enfin, ils sentiront qu'au dix-neuvième siècle, la liberté n'a plus d'autre ennemie que la licence ; que les droits politiques ne seraient en péril que par l'anarchie.

Sans doute les journaux ne vont pas manquer de chercher à fausser le bon sens public en déplaçant toutes les questions, en évoquant des passions aveugles où la raison clairvoyante est nécessaire ; et dans l'intérêt de la tyrannie qu'ils exercent, ils proclameront des principes et des sentimens généreux qui sont en effet dans tous les cœurs. Oui, les intérêts de l'humanité sont sacrés ; oui, la liberté légale est dans les besoins de l'époque ; mais l'ordre aussi est une idée. généreuse, et c'est la plus généreuse de toutes pour les esprits élevés !

Les journaux feront leur métier ; que. les honnêtes gens fassent leur devoir !

FIN.